Viaje a través
de la isla Ellis

ELLIS ISLAND, NEW YORK CITY

ESTA EDICIÓN

Gerencia editorial de Oriel Square
Producido para DK por WonderLab Group LLC
Jennifer Emmett, Erica Green, Kate Hale, *fundadoras*

Edición Maya Myers; **Edición de fotografía** Nicole DiMella; **Dirección editorial** Rachel Houghton;
Diseño Project Design Company; **Investigación** Michelle Harris; **Revisión de textos en inglés** Lori Merritt;
Creación de índices en inglés Connie Binder; **Traducción** Isabel C. Mendoza;
Corrección de pruebas Carmen Orozco; **Lectura de sensibilidad** Ebonye Gussine Wilkins;
Especialista en lectura de la colección Dra. Jennifer Albro

Primera edición estadounidense, 2024
Publicado en Estados Unidos por DK Publishing, una división de Penguin Random House LLC
1745 Broadway, 20th Floor, New York, NY 10019

Título original: *Journey Through Ellis Island*
Primera edición: 2024

Un registro de catálogo de este libro está disponible en la Biblioteca del Congreso.
HC ISBN: 978-0-7440-9503-6
PB ISBN: 978-0-7440-9502-9

Los libros de DK están disponibles con descuentos especiales para compras al por mayor para promociones especiales, regalos, recaudación de fondos o usos educativos. Para más información contacte a:
DK Publishing Special Markets, 1745 Broadway, 20th Floor, New York, NY 10019
SpecialSales@dk.com

Impreso en China

La editorial quisiera agradecer a las siguientes personas e instituciones
por el permiso para reproducir sus imágenes:
a=arriba; c=centro; b=abajo; i=izquierda; d=derecha; s=superior; f=fondo

Alamy Stock Photo: Archive Collection 26d, Associated Press / Anonymous 50si, Contraband Collection 46, Everett Collection Historical 14b, Terese Loeb Kreuzer 59si, Magite Historic 38, North Wind Picture Archives 7sd, Science History Images 15s, Science History Images / Photo Researchers 55bd, Scherl / Sddeutsche Zeitung Photo 8si, Vintage_Kids 11sd; **Bridgeman Images:** Granger 35si, Look and Learn / Elgar Collection 16si; **Courtesy Megan Smolenyak:** colorization by Dimple Negi 6cia; **Dreamstime.com:** Baibaz 58si, Mark Gusev 52bi, Christopher Howells 30ci, Felix Mizioznikov 4-5, Sean Pavone 60bi, Stockshooter 8bi, Taniawild 59bd, Vladvitek 19sd, Vladimir Voronin 37sd; **Getty Images:** AFP / Kena Betancur / Stringer 60-61, Archive Photos / Fotosearch / Stringer 43cda, Archive Photos / Frederic Lewis / Staff 44-45s, Archive Photos / Graphic House / Staff 33, Archive Photos / Hulton Archive / Stringer 19si, Archive Photos / Jim Heimann Collection 14si, Archive Photos / Museum of the City of New York / Jacob A. Riis 48-49, 52si, Archive Photos / PhotoQuest 53, Archive Photos / Smith Collection / Gado 9b, Bettmann 9sd, 10c, 12bd, 18bd, 24si, 26si, 36si, 44si, 47, 54bd, Corbis Historical / Fine Art / VCG Wilson 31, Corbis Historical / Historical 39bi, Corbis Historical / Michael Maslan 56-57b, Hulton Archive / Ann Ronan Pictures / Print Collector 24-25b, Hulton Archive / Apic 42-43, Hulton Archive / brandstaetter images / Imagno 22, Hulton Archive / Historica Graphica Collection / Heritage Images 28-29s, Hulton Archive / Staff 28-29b, Hulton Fine Art Collection / Fine Art Images / Heritage Images 16-17s, Keystone View Company / FPG / Staff / Archive Photos / Hulton Archive 58bd, SeM / Universal Images Group 3, Universal History Archive / Universal Images Group 20si, 40si, Universal Images Group / Photo 12 35bi, Nick Ut 23bd, George H. Davis, Jr. / Library of Congress / Corbis / VCG 57sd; **Getty Images / iStock:** LeonU 60si, Nerthuz 39sc; **Library of Congress, Washington, D.C.:** LC-DIG-ds-13992 10si, LC-DIG-ggbain-50437 / Bain News Service, Publisher 13bi, LC-DIG-ppmsc-00157 36-37b, LC-DIG-ppmsca-53147 15cdb, LC-DIG-ppmsca-58667 32; **Courtesy of National Park Service, USA:** 10cd, 10bd, 11si, 48si, 49bd; **The New York Public Library:** Manuscripts and Archives Division, The New York Public Library. "Three women from Guadeloupe" The New York Public Library Digital Collections. 1906–1914. https: / / digitalcollections.nypl.org / items / 510d47de-79d6-a3d9-e040-e00a18064a99 34, Rare Book Division, The New York Public Library. "ABEND-ESSEN [held by] HAMBURG-AMERIKA LINIE [at] "AN BORD DER ""AMERIKA""" (SS;)" The New York Public Library Digital Collections. 1906. https: / / digitalcollections.nypl.org / items / 510d47db-7e77-a3d9-e040-e00a18064a99 40bd, The Miriam and Ira D. Wallach Division of Art, Prints and Photographs: Photography Collection, The New York Public Library. "Joys and sorrows at Ellis Island, 1905" The New York Public Library Digital Collections. 1905. https: / / digitalcollections.nypl.org / items / 510d47d9-4e7a-a3d9-e040-e00a18064a99 11ci, 13si, 50-51b, The Miriam and Ira D. Wallach Division of Art, Prints and Photographs: Picture Collection, The New York Public Library. "Ellis Island, New York City" The New York Public Library Digital Collections. 1906. https: / / digitalcollections.nypl.org / items / 510d47e2-8c4f-a3d9-e040-e00a18064a99 1, 27, 42si; **Shutterstock.com:** Everett Collection 21i, 40-41s, 55si, Frontpage 12s, Oleksandr_U 17bd, TTstudio 6-7; **The US National Archives and Records Administration:** 7ci, 8-9sc, 23si, 30b, 56bd; **US Patent and Trademark Office:** 54si

Imágenes de portada: *Frente:* **Library of Congress, Washington, D.C.:** LC-DIG-fsa-8e11208/Hine, Lewis Wickes, photographer;
Contraportada: **Dreamstime.com:** Dibrova cib, Vladimir Voronin cda

Todas las demás imágenes © Dorling Kindersley
Para más información, visita www.dk.imagenes.com

www.dk.com

Level 4

Viaje a través de la isla Ellis

Paige Towler

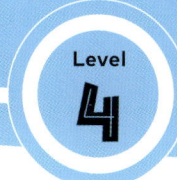

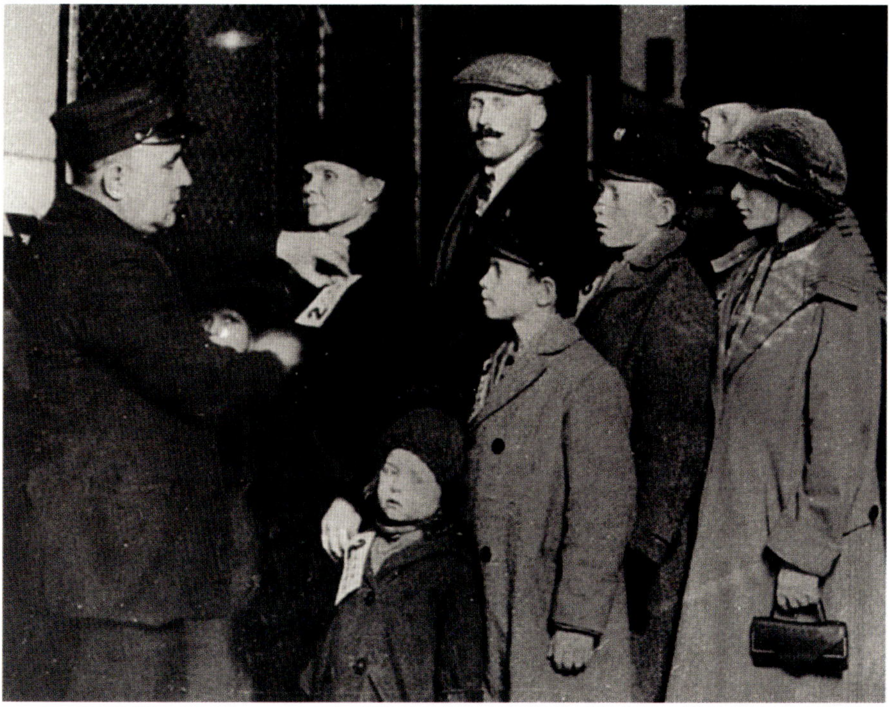

DK

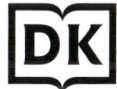

CONTENIDO

EXPLOREMOS LA ISLA ELLIS

El día de Año Nuevo de 1892, una adolescente irlandesa hizo historia al llegar a una pequeña isla del puerto de Nueva York. Hoy, a un visitante podría no parecerle gran cosa esta isla que tiene algunos árboles y edificios. Sin embargo, para esta joven, era un lugar monumental.

La Estación de Inmigración de la Isla Ellis tal como se ve hoy

Se llamaba Annie Moore, y era una inmigrante (alguien que llega a vivir de manera permanente a un país diferente a aquel donde nació). Annie fue la primera persona que inmigró a EE. UU. a través de este lugar: la isla Ellis.

El edificio original de la Estación de Inmigración de la Isla Ellis, que fue destruido por un incendio en 1897

Una nación de inmigrantes
Las tierras que hoy conforman Estados Unidos fueron el hogar de muchos pueblos indígenas durante miles de años antes de la llegada de los europeos, en el siglo XVI. Los primeros inmigrantes fueron invasores que colonizaron las naciones indígenas. Antes del siglo XVI, el área que hoy incluye la isla Ellis era el hogar de los indígenas lenapes.

Inmigrantes en un barco que se acerca a la isla Ellis

Muchos idiomas

En la isla trabajaban intérpretes de al menos 23 idiomas, que ayudaban a la gente a comunicarse. Los intérpretes tenían que pasar un examen para demostrar que sabían hablar, leer y escribir en inglés y en otro idioma.

Una buena bienvenida

Es posible que Annie Moore haya visto una atracción famosa ubicada al suroeste de la isla Ellis: la Estatua de la Libertad, en la isla de la Libertad.

Para llegar a la isla Ellis, Annie y sus dos hermanos menores tuvieron que cruzar el océano Atlántico. Por fin llegaron, al cabo de doce largos días. Probablemente estaban nerviosos, ya que habían viajado sin sus padres. ¡Pero es posible que también estuvieran emocionados! La isla Ellis les cambiaría la vida para siempre.

¿Estadounidenses? ¿Inmigrantes? ¿O las dos cosas?

Cuando Annie llegó a EE. UU., es posible que mucha gente que ya vivía aquí la considerara una inmigrante, y que se consideraran a sí mismos estadounidenses. ¡Pero es probable que sus antepasados también hubieran sido inmigrantes! Hoy, todos los estadounidenses son descendientes de inmigrantes, excepto los indígenas.

Junto con Annie, miles de personas entraron en fila a un enorme edificio de madera. El aire se llenó de voces que hablaban idiomas que Annie no entendía. Estos inmigrantes venían a EE. UU. de muchos países diferentes, como había sucedido durante cientos de años.

Inmigrantes recién llegados a la isla Ellis a comienzos del siglo XX

Mucha gente quería inmigrar a EE. UU. Pero tenían que recibir la aprobación de empleados del Gobierno de EE. UU. La isla Ellis era uno de varios puntos de entrada oficiales.

Migración forzada

No todos los que han venido a EE.UU. lo han elegido libremente. Entre los siglos XVI y XIX, personas europeas capturaron y esclavizaron a más de doce millones de africanos y los transportaron a la fuerza al continente americano. A estas personas esclavizadas se las obligó a trabajar en condiciones inhumanas y sin paga, y no tenían libertades.

Guadalupe women(French West Indies) SS "Korona" Apr.

Puertos específicos
La isla Ellis era el puerto más cercano a Europa. Viajeros de otros lugares del mundo entraban por otros puertos. Entre 1910 y 1940, muchos inmigrantes llegaron a través de la isla Ángel, frente a la costa de San Francisco, California. Venían de países como China, Japón, Australia, Nueva Zelandia y México.

La mayoría de la gente que entraba por la isla Ellis venía de países europeos. Algunos se apiñaron en los barcos junto a sus abuelos, padres e hijos. Otros viajaron solos. Algunos, como Annie y sus hermanos, eran niños que viajaban solos. Pero todos se preguntaban lo mismo: ¿Cómo iba a ser su nueva vida en EE. UU.?

La isla Ellis, vista desde Nueva Jersey

¿La isla de la esperanza?

Cerca de un dos por ciento de los inmigrantes que llegaron a la isla Ellis fueron devueltos a sus países de origen. Para esas 250 000 personas a las que se les negó la entrada, "la isla de la esperanza" se convirtió en "la isla de las lágrimas".

¿A quiénes se les permitía entrar a EE. UU., y a quiénes no? ¿Y por qué tanta gente quería venir? ¿Por qué querrían dejar su patria y comenzar una nueva vida? ¿A Annie y sus hermanos, les permitieron quedarse?

Inmigrantes
recién llegados
a la isla Ellis
a comienzos del siglo XX

El viaje fue diferente para cada inmigrante. Para muchos, atravesar el mundo para iniciar una nueva vida significaba un viaje de esperanza teñido de tristeza. ¿Qué se sentiría al viajar miles de millas hacia una nueva tierra, abandonando tu vida y tu hogar?

Pequeña isla, gran impacto
Entre 1892 y 1954, llegaron a la isla Ellis más de doce millones de inmigrantes. Los antepasados de alrededor del cuarenta por ciento de la población actual de EE. UU. entraron por la isla Ellis.

El día más atareado
El 17 de abril de 1907, más de 11 000 inmigrantes llegaron a la isla Ellis.

DEJAR LA PATRIA

Gente como Annie dejó a sus amigos, su casa, su escuela, etc. Una gran aventura como esta puede ser emocionante, pero también puede dar un poco de miedo. Y este viaje, hace cien años, seguro no fue fácil.

Inmigrantes destacados: la familia Thomas
La familia de Diab Thomas (su esposa, Mary, y sus hijos, Salene y Alene) llegaron a través de la isla Ellis en 1907. Venían del Líbano, y llegaron a administrar una tienda de comestibles en Virginia Occidental.

Un trasatlántico sale de Queenstown, Irlanda, rumbo a EE. UU. alrededor de 1903.

El Ferrocarril Transcontinental se terminó de construir en 1869.

Descubrimientos científicos e inventos que tuvieron lugar entre finales del siglo XIX y comienzos del siglo XX cambiaron la manera como la gente vivía, se transportaba y se comunicaba. Se pudieron compartir ideas y opiniones como nunca antes había sido posible. Y se pudieron atravesar largas distancias a una velocidad nunca antes vista.

¿Hola?
En 1876, un inmigrante escocés llamado Alexander Graham Bell creó uno de los primeros teléfonos que funcionó con éxito.

Problemas en todo el mundo

Para el siglo XIX, la población de China había aumentado tanto que los empleos y los alimentos no alcanzaban para todos. Muchas personas, acosadas por altos impuestos o deudas con el Gobierno, dejaron su país para buscar trabajo en EE. UU.

Durante los siglos XIX y XX, la vida se volvió difícil en algunas partes del mundo. En Irlanda, el país de origen de Annie, no había muchos empleos. La mayoría de la gente trabajaba la tierra, como agricultores, y sobrevivían con lo que cultivaban, principalmente papa. En 1845, un hongo llamado tizón tardío comenzó a destruir los cultivos de papa.

Esta pintura de Daniel Macdonald, de 1847, muestra a una familia irlandesa que descubre que sus papas están llenas de tizón tardío.

Los primeros inmigrantes irlandeses
Los primeros irlandeses que migraron al continente americano llegaron mucho antes de que existiera la isla Ellis; incluso antes de que existiera EE. UU. Muchos irlandeses llegaron a las colonias británicas de América del Norte en el siglo XVIII.

El hongo se propagó, arruinando los cultivos de papa de toda Irlanda. Esto se conoce como la Gran Hambruna o "la hambruna de la papa irlandesa". Muchos sabían que, si se quedaban, morirían de hambre. Así que se embarcaron con sus familias hacia el otro lado del océano Atlántico, en busca de un nuevo hogar.

Papa afectada por el tizón tardío

Un banquete de *pizza*

Los inmigrantes del sur de Italia (la cuna de la *pizza* moderna) trajeron sus recetas cuando vinieron a EE. UU.

Muchos de los inmigrantes que llegaron a la isla Ellis venían de Italia. Durante el siglo XIX, los soldados italianos lucharon para expulsar a líderes extranjeros que habían tomado el control de varias regiones de su país. En 1861, los italianos obtuvieron la victoria, y las guerras terminaron. Sin embargo, las guerras dejaron a muchos italianos empobrecidos y hasta sin vivienda.

Inmigrantes italianos en la isla Ellis, en 1905

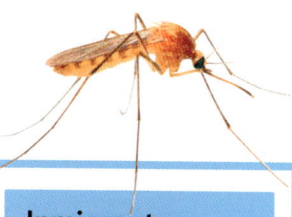

Messina, Italia, después del terremoto de 1908

La vida también era muy difícil en el sur de Italia. En el siglo XIX, el volcán Vesubio hizo erupción muchas veces, destruyendo granjas y viviendas. En 1908, un fuerte terremoto desató un enorme tsunami que causó más daños. La gente anhelaba construirse una mejor vida en otros lugares. Muchos tomaron la valiente decisión de viajar a tierras extranjeras.

Inmigrantes destacados: Tilda de Mello Kelly-Grimm

¡Tilda de Mello Kelly-Grimm inmigró dos veces! Nació en Brasil, en 1917. A los cuatro años contrajo la malaria, una enfermedad que propagan los mosquitos, que eran comunes en Brasil. Para huir de la enfermedad, su familia se mudó a Portugal. En 1925, dejaron Portugal y vinieron a EE. UU. con la esperanza de encontrar oportunidades de trabajo.

Inmigrantes judíos de Rusia o Ucrania llegan a EE. UU., circa 1900

Inmigrantes destacados: la familia Chadekel
En 1909, se desató una ola de pogromos en Lituania. Barnett y Chann Chadekel, que eran judíos, viajaron con sus hijos en secreto a Alemania, donde abordaron un barco que los llevó seguros a la isla Ellis.

En países de Europa del Este, los judíos enfrentaban el antisemitismo, que es una forma de prejuicio, o discriminación y odio, hacia las personas que practican la religión judía. Desde finales del siglo XIX, los judíos fueron blanco de ataques de hordas llamados pogromos. Muchos judíos temían por su seguridad y su vida.

El antisemitismo obligó a una innumerable cantidad de judíos a dejar su patria. Desde la década de 1880, muchas familias judías huyeron hacia EE. UU., donde pudieron comenzar una nueva vida de manera segura gracias a las leyes que garantizaban la libertad de culto. Para 1924, más de dos millones de judíos habían inmigrado a EE. UU. en busca de un mejor futuro.

Llegaron los *bagels*

Por siglos, los judíos de Polonia y Alemania han disfrutado unas roscas de pan que primero se hierven y luego se hornean. Muchos judíos polacos se asentaron en la ciudad de Nueva York, donde estos panes llamados *bagels* se volvieron muy populares.

Hombres y niños judíos en Yom Kippur, alrededor de 1910, frente a la sinagoga de una casa de vecindad en Nueva York

Escapar del peligro
Los inmigrantes que dejan su país de origen para escapar de situaciones peligrosas se llaman refugiados. Muchos de los judíos que inmigraron a EE. UU. eran refugiados.

Sea cual sea la razón para emigrar, dejar la patria no debe ser nada fácil. Los inmigrantes tuvieron que dejar gran parte de sus pertenencias. Algunos tuvieron que salir en secreto o a prisa, así que solo trajeron lo que podían cargar.

Refugiados en Polonia, alrededor de 1918

Inmigrantes llegan a la isla Ángel, en 1939

La emigración hoy

Aunque el mundo ha cambiado, todavía hay gente que emigra, o se va, de su país por razones similares a las que tenían quienes emigraron hace más de un siglo. Los refugiados de hoy escapan de situaciones peligrosas, como guerras, violencia y desastres naturales.

La mayoría de quienes decidieron dejar su patria anhelaban mejorar su vida. Emprendieron su viaje a EE. UU., un lugar lejano con nuevas costumbres y normas, y, en muchos casos, un idioma diferente. Los esperaba un largo y duro proceso para aprender un nuevo modo de vida.

Emigrantes tratando de entrar a EE. UU. desde México, en 2023

¡La Fiebre del Oro!

En 1848, se descubrió oro en California. Mucha gente llegó a este estado con la esperanza de hacerse rica.

Oportunidades para pocos

No todos tenían acceso a las mismas oportunidades en EE. UU. La esclavitud de las personas negras fue legal hasta 1865. Pueblos indígenas que habían vivido en estas tierras durante miles de años antes de la llegada de los colonos europeos fueron reubicados a la fuerza y, con frecuencia, asesinados tanto por colonos como por el Gobierno.

DESTINO: EE. UU.

Entre 1815 y 1915, más de treinta millones de personas inmigraron a EE. UU. Cerca de la mitad entraron por la isla Ellis. ¿Por qué tanta gente eligió venir a EE. UU.? Una razón importante fue la economía, que es el sistema que usa un país para gastar y producir dinero y bienes. La economía iba muy bien, así que había muchos empleos.

El siglo XIX trajo grandes cambios a EE. UU. Gracias a los nuevos inventos y tecnologías, se crearon nuevos empleos. El país todavía se estaba expandiendo hacia el Oeste. Para los inmigrantes que no tenían la oportunidad de cambiar sus circunstancias en su país, EE. UU. parecía ser un gran lugar para comenzar de nuevo.

Inmigrantes destacados: la familia Jue
En la década de 1880, las historias que se contaban sobre la vida en California inspiraron a Tong Ly Jue a probar suerte en una tierra nueva. Jue inmigró desde Canton, China, a través de la isla Ángel. Se convirtió en herbolario en San Francisco.

Sufrir persecución

Muchos armenios fueron víctimas de persecución por parte del Imperio Otomano, que dominó partes de Europa y el Medio Oriente desde el siglo XV hasta comienzos del siglo XX. A partir de la década de 1890, esta persecución se tornó violenta y luego se convirtió en genocidio, o asesinato masivo, de armenios. Muchos armenios emigraron a EE. UU. para escapar del peligro.

Este grabado de 1882 muestra a una familia de refugiados armenios.

La riqueza no era la única razón por la que mucha gente elegía emigrar a EE. UU. Cuando se fundó el país, sus normas incluían la promesa de la libertad de culto. Esto significaba que todo ciudadano tenía la libertad y la seguridad para practicar cualquier religión, o incluso ninguna. Para quienes no podían practicar su religión en su país, EE. UU. simbolizaba la seguridad.

Algunos eligieron ciertos lugares del país porque allí ya vivían otros inmigrantes. En algunos casos, como el de la familia de Annie Moore, después de que uno o varios familiares se mudaron a EE. UU., otros se les unieron. Algunos inmigrantes querían el apoyo de una comunidad ya establecida de gente de su mismo país.

Reencuentro familiar
¿Por qué Annie Moore y sus hermanos viajaron solos? El resto de su familia ya se había mudado a EE. UU.

Encontrar una comunidad
Algunas comunidades ayudaban a la gente a conectarse con otros a través de las iglesias y otros lugares de oración. Otras ofrecían oportunidades de trabajo. Por ejemplo, muchos restaurantes chinoamericanos entrenaban a inmigrantes chinos recién llegados para cocinar y trabajar como meseros.

Un restaurante chino en Nueva York a comienzos del siglo XX

Esta ilustración de 1887 muestra el terreno y el puerto frente a Castle Garden.

Otros destinos
Durante los siglos XIX y XX, Canadá, Argentina, Brasil y Australia también recibieron enormes oleadas de inmigrantes.

Durante gran parte del siglo XIX, cada estado de EE. UU. controlaba la inmigración en su territorio. El estado de Nueva York recibía a los inmigrantes en un fuerte llamado Castle Garden (ahora conocido como Castle Clinton) en la ciudad de Nueva York. A medida que la inmigración aumentaba, se fue haciendo evidente que Castle Garden no podía encargarse de grandes cantidades de personas.

Inmigrantes con su equipaje, fuera de Castle Garden, en la década de 1880

Para facilitar el proceso de inmigración, el Gobierno de EE. UU. decidió abrir puertos de inmigración federales, o administrados por el Gobierno nacional. Resultaba lógico que, en la costa este, la concurrida y popular ciudad de Nueva York fuera un buen punto para recibir los barcos que cruzaban el océano Atlántico, procedentes de países europeos.

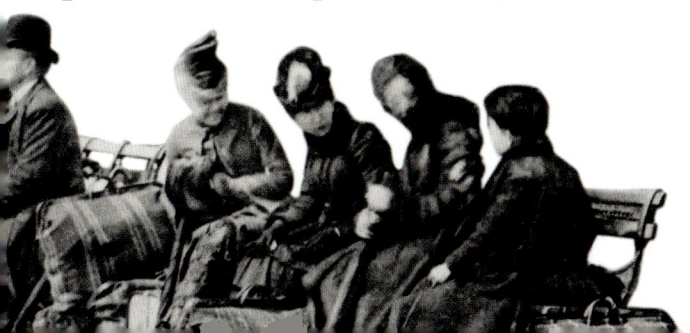

Varios nombres
La isla Ellis se llamaba Kioshk, o "isla de las Gaviotas" en tiempos de los lenapes. En el siglo XVII, los colonos holandeses que tomaron el control de la isla la llamaron la isla de las Ostras, debido a la abundancia de ostras. La pequeña porción de tierra cambió de dueño varias veces durante el siguiente siglo, hasta que el empresario Samuel Ellis la compró, en la década de 1770.

El primer año
Durante su primer año de funcionamiento, la Estación de Inmigración de la Isla Ellis recibió a unos 450 000 inmigrantes.

¡Fuego!

En 1897, apenas cinco años después de haberse abierto la estación de la isla Ellis, un incendio arrasó con la estructura de madera original y destruyó los archivos de inmigración de esos años. La estación se volvió a abrir en 1900, con nuevos edificios de ladrillo.

La isla pasó de la familia Ellis a la familia de John A. Berry antes de que el Gobierno de EE. UU. la comprara, en 1808, por $10,000. La intención del Gobierno era usarla como un puerto de defensa, ¡pero al comienzo solo sirvió como vertedero de basura de los barcos! Con los años, se añadió tierra sobre los vertederos. Esta isla desierta ubicada justo frente a la ciudad de Nueva York parecía ser el sitio perfecto para recibir barcos. La Estación de Inmigración de la Isla Ellis se abrió oficialmente en 1892.

Construcción de la Estación de Inmigración de la Isla Ellis, 11 de enero de 1900

Castle Garden, en el puerto de Nueva York, en 1852

EL VIAJE A LA ISLA ELLIS

Inmigrantes destacados: Edward Hong

La mayoría de los inmigrantes chinos entraron por la isla Ángel, pero no todos se establecieron en la costa oeste. Edward Hong tenía ocho años cuando inmigró con su familia, en 1923, y se establecieron en Illinois. Edward creció allí y luego prestó servicio como soldado en la Segunda Guerra Mundial. Después se hizo abogado y legislador estatal en la ciudad de Nueva York.

Hoy, para recorrer una gran distancia, es probable que vueles en un avión. En 1892, sin embargo, la única manera de atravesar el océano Atlántico era por barco. Durante siglos, la gente dependió de los vientos y los barcos con velas para viajar por los océanos. A comienzos del siglo XVIII, un invento cambió todo.

Alrededor de 1712, un inventor británico creó un motor que usaba vapor para producir energía. A comienzos del siglo XIX, unos ingenieros crearon locomotoras de vapor, unos de los primeros trenes del mundo. También se usaron motores de vapor para impulsar barcos. Los barcos de vapor viajaban más rápido que los de vela. También podían avanzar en contra de las corrientes marinas. Pero incluso en un barco de vapor, el viaje a EE. UU. era mucho más largo y difícil de lo que es hoy.

A todo vapor
En 1863, dos compañías ferroviarias de EE. UU. comenzaron a construir el Ferrocarril Transcontinental, la primera vía férrea que atravesó todo el país. El ferrocarril se finalizó en 1869, gracias en gran parte al trabajo de inmigrantes chinos, alemanes e irlandeses.

Inmigrantes de
Guadalupe, en 1911

Los boletos para viajar en los barcos de vapor no eran difíciles de conseguir. De hecho, vendedores de las compañías navieras viajaban de país en país vendiendo boletos. Pero mucha gente no tenía el dinero para comprarlos. Algunos ahorraron durante semanas, meses o años. A otros, como Annie Moore, se los compraron los familiares que ya estaban en EE. UU.

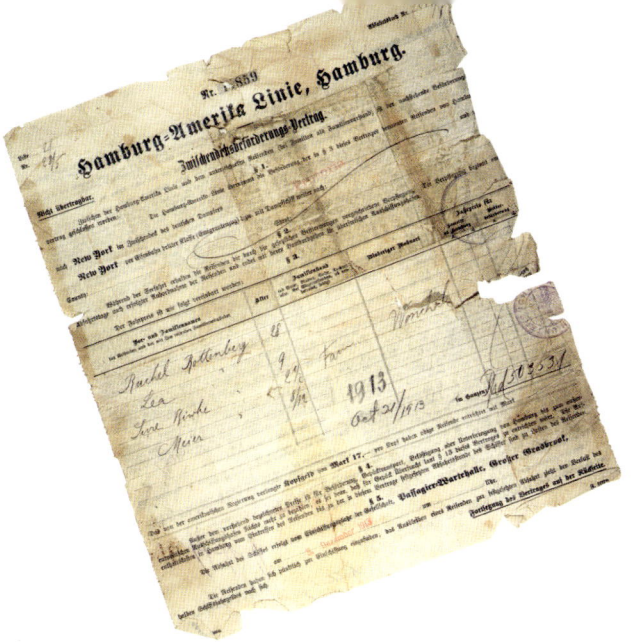

Una vez que conseguían el boleto, la mayoría de las personas tenían que viajar a una ciudad portuaria para poder abordar un barco. Algunos, como Annie, ya vivían cerca del mar. Pero, para otros, este viaje era más largo, en tren, carreta, burro, o incluso a pie.

El puerto de Nueva Orleans

Para la gente que inmigraba de países al sur de EE. UU., el puerto más cercano era Nueva Orleans, en Luisiana. A partir de la década de 1880, trabajadores del Canal de Panamá originarios del Caribe y América Latina inmigraron a EE. UU., muchos a través de Nueva Orleans. Como era un importante centro del catolicismo, Nueva Orleans atrajo a inmigrantes católicos. Durante varios siglos, tiempo atrás, Nueva Orleans fue uno de los principales puertos de entrada de los africanos que traían a la fuerza, como esclavos, a EE. UU.

Para jugar
A veces, los niños podían traer sus juguetes más queridos. En el siglo XIX, es posible que tuvieran muñecas de trapo, madera o porcelana, así como canicas, soldaditos de juguete, trenes de madera y cuerdas para saltar.

¿Qué empacarías para un viaje largo y difícil (especialmente si tienes que dejar la mayor parte de tus cosas)? Mucha gente, como Annie, solo podía traer una maleta. Empacaron solo lo que creían que era necesario o valioso.

Llegando a la isla Ellis

La mayoría empacó su mejor ropa. También, herramientas, para que les fuera más fácil conseguir trabajo aquí; y recuerdos, como fotografías y joyas. Muchos traían artículos religiosos, como biblias y *menorahs*.

Esta ilustración muestra el diseño de la gran escalera que había en los barcos de vapor hermanos *Titanic* y *Olimpic*.

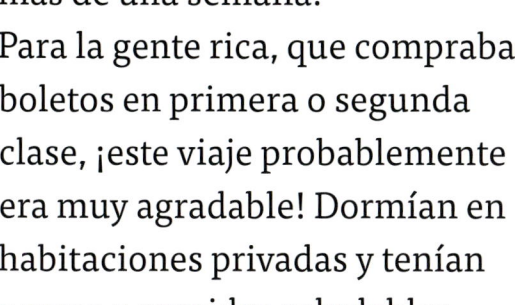

Cruzar el océano Atlántico en un barco de vapor podía tomar más de una semana. Para la gente rica, que compraba boletos en primera o segunda clase, ¡este viaje probablemente era muy agradable! Dormían en habitaciones privadas y tenían acceso a comidas saludables.

Algunas personas adineradas viajaban en barcos lujosos. Traían muchas maletas, comían en comedores elegantes y tenían acceso al tipo de actividades y entretenimiento que se pueden encontrar en un hotel elegante, ¡incluyendo salones de baile y piscinas! Sin embargo, para la mayoría de los inmigrantes, el viaje no era tan placentero.

Una tragedia

El lujoso barco de pasajeros *Titanic* zarpó de Inglaterra en 1912 hacia la ciudad de Nueva York con unas 2200 personas a bordo, entre tripulación y pasajeros, la mayoría, inmigrantes. Trágicamente, cuatro días después, el *Titanic* chocó contra un iceberg y se hundió. Alrededor de dos tercios de sus ocupantes murieron.

Los viajes de antes

Un viaje de una semana podría sonar arduo, pero era en realidad rápido, comparado con los de antes. Un barco de vela podía tardar entre seis semanas y varios meses en cruzar el Atlántico.

Entretenimiento a bordo

En viajes largos, los pasajeros de tercera clase jugaban cartas o pasaban el tiempo conversando. Es posible que quienes viajaban con instrumentos musicales hayan animado a otros a cantar y bailar.

Quienes no podían pagarse un viaje de lujo (que era la mayoría de la gente) viajaban en barcos más económicos, o en barcos de correos o de carga, llamados paquebotes. La sección de pasajeros más económica se llamaba tercera clase. Annie y sus hermanos viajaron en tercera clase, donde las habitaciones eran espacios sucios, oscuros y atestados.

Hamburg-Amerika Linie

En muchos barcos, los pasajeros de tercera clase se apiñaban en un solo cuarto repleto de literas. Tenían que cocinar sus propios alimentos. La gente se enfermaba con frecuencia debido al hacinamiento o a los mareos provocados por el movimiento del barco.

Sin embargo, para muchos, el arduo viaje valía la pena. Al cabo de una semana de penurias, llegaban a la isla Ellis, la primera parada de una nueva vida.

El trasatlántico más grande del mundo en aquel tiempo, el *Imperator*, trajo a más de 4000 pasajeros de Europa al puerto de Nueva York el 19 de junio de 1913.

Una estatua reluciente
Cuando Annie llegó a EE. UU., ¡la Estatua de La Libertad era de un color naranja brillante! La estatua fue un regalo que Francia le hizo a EE. UU. en 1885, y está hecha de cobre. Cuando este metal pasa mucho tiempo en contacto con el oxígeno, adquiere un color verdoso, como oxidado. Para 1906, la estatua ya tenía el color azul verdoso que ves hoy.

POR FIN EN LA ISLA ELLIS

Después de muchos largos días, ¡una campana anunció la llegada del barco de Annie! Los pasajeros corrieron a la cubierta, apiñándose para darle un primer vistazo a su nuevo hogar. Una vista impresionante cautivó la atención de Annie: la Estatua de la Libertad.

Para Annie y otros inmigrantes que llegaban a la isla Ellis, desembarcar era mucho más que el alivio de pararse en tierra firme. Era dar sus primeros pasos en una patria nueva.

Una isla que crece

Para poder atender al creciente número de inmigrantes, el Gobierno de EE. UU. tuvo que ampliar las instalaciones. Se añadió tierra para aumentar el tamaño de la isla en sí.

Inmigrantes que llegan a la isla Ellis, hacia 1905

La ciudadanía

Algunos inmigrantes recién llegados deseaban convertirse en ciudadanos de EE. UU. Como tales, tendrían los mismos derechos y responsabilidades de otros miembros de la nación. Para obtener la ciudadanía, los inmigrantes tenían que solicitarla a través del sistema de tribunales.

Inmigrantes hacen fila para reunirse con los funcionarios de la isla Ellis, hacia la década de 1930.

Antes de poder comenzar su nueva vida, Annie y sus hermanos tenían que ser aceptados por los funcionarios de la isla Ellis. Hoy, los inmigrantes (y en realidad cualquier viajero) necesitan presentar varios documentos oficiales para poder entrar a países extranjeros. Pero, durante décadas, estos documentos no se pedían, ¡y algunos ni siquiera existían todavía! La gente cuya entrada era aprobada en las estaciones de inmigración podía simplemente proseguir e iniciar su vida en EE. UU.

En EE. UU., los primeros pasaportes (documentos que demuestran que alguien es ciudadano de un país) aparecieron en 1789. Pero no fue sino hasta mediados del siglo XX que se convirtieron en un requisito para entrar y salir del país. Y hasta 1924, la mayoría de los inmigrantes no necesitaban mostrar ningún documento. A partir de entonces, la gente que entra al país necesita tener una visa, un documento oficial que indica que la entrada le está permitida.

Tiempos cambiantes
Con la Ley de Inmigración de 1924, el Gobierno de EE. UU. limitó drásticamente la cantidad de personas que podían inmigrar al país. Esta ley se revocó en 1965, lo cual permitió de nuevo a la gente inmigrar libremente. Sin embargo, por varias razones, la inmigración continúa siendo un tema de debate, y durante las últimas décadas han entrado en vigor leyes que la limitan y leyes que la apoyan.

Historia de la cuarentena
La idea de poner a los enfermos en cuarentena para evitar que otros se contagien se ha practicado desde hace siglos. Para detener la propagación de una plaga en Venecia, Italia, alrededor de 1348, los barcos tenían que esperar cuarenta días para poder entrar al puerto. La palabra "cuarentena" en este caso significa "un periodo de cuarenta días".

Annie y sus hermanos tuvieron que hacer una fila para que les hicieran chequeos médicos. Todas las personas que llegaban a la isla Ellis tenían que pasar un examen médico para verificar que no tuvieran ninguna enfermedad. A los enfermos los mandaban a un hospital que había en la isla para que los trataran. A veces, los ponían en cuarentena, pero cuando se recuperaban, a la mayoría les permitían ingresar al país.

Unos niños reciben chequeos médicos, en 1911.

Los funcionarios del gobierno también debían evaluar a la gente por si tenían discapacidades físicas o mentales. Quienes no se consideraban "aptos" para trabajar solían ser detenidos injustamente o devueltos a su país de origen. Hoy, este tipo de discriminación se llama "capacitismo".

Tratamiento especial
Los pasajeros que viajaban con boletos de primera y segunda clase desembarcaban en otros puertos de Nueva York, donde solo tenían que pasar por un puesto de inspección rápida.

Cambio de nombre

Quizás has oído que los funcionarios de la isla Ellis con frecuencia les cambiaban el nombre a los inmigrantes para que sonaran "más estadounidenses", o que los nombres a veces se escribían mal porque los inmigrantes no sabían leer ni escribir. ¡Esos son mitos! Los registros muestran que los inmigrantes mantenían su nombre original. Algunos decidían cambiárselo después, quizás para "encajar mejor" en la cultura estadounidense.

Luego de pasar el examen médico, Annie y sus hermanos tuvieron que responder algunas preguntas. En la entrevista se confirmaba su identidad y se verificaba que la información que habían dado al viajar fuera correcta. En estas entrevistas también se identificaba a personas que se podrían considerar peligrosas.

¿Qué podría hacer que una persona se considerara peligrosa? El Gobierno no quería dejar entrar a gente que hubiera violado la ley en su país de origen. Por supuesto que muy pocos inmigrantes eran criminales. Sin embargo, ¡es posible que Annie y sus hermanos se hayan puesto nerviosos durante la entrevista!

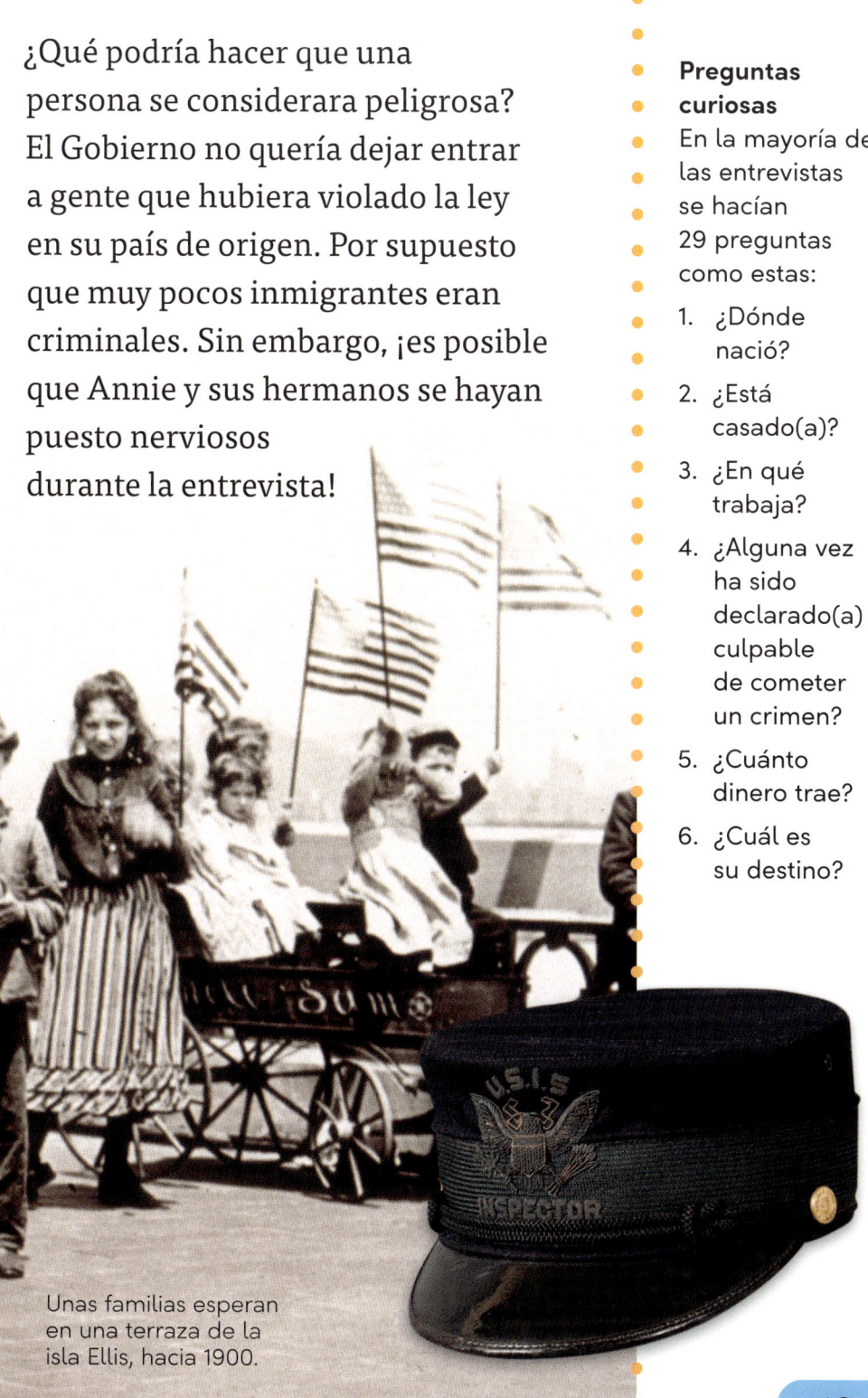

Unas familias esperan en una terraza de la isla Ellis, hacia 1900.

Preguntas curiosas

En la mayoría de las entrevistas se hacían 29 preguntas como estas:

1. ¿Dónde nació?

2. ¿Está casado(a)?

3. ¿En qué trabaja?

4. ¿Alguna vez ha sido declarado(a) culpable de cometer un crimen?

5. ¿Cuánto dinero trae?

6. ¿Cuál es su destino?

La gente que se consideraba peligrosa o no apta para trabajar, o que tenía una enfermedad que los funcionarios del gobierno consideraban preocupante, era detenida en la isla. Algunos fueron devueltos a su país de origen. Sin embargo, casi todos los que llegaban a la isla Ellis salían de la estación en unas pocas horas.

Atascados en la isla Ángel

En la isla Ángel, en California, los inmigrantes eran con frecuencia detenidos durante semanas, meses o, en algunos casos, años, en cuartos incómodos. El racismo y los prejuicios contra las personas asiáticas, y especialmente las chinas a finales del siglo XIX y comienzos del XX, eran muy comunes en EE. UU.

Recién llegados esperan su turno para la entrevista en la Sala de Registro de la isla Ellis, en 1912.

Después de varias largas horas, se anunció la decisión: ¡la entrada de Annie y sus hermanos había sido aprobada! El 1.° de enero de 1892, Annie Moore se convirtió en la primera persona en inmigrar a través de la isla Ellis. Los siguientes fueron sus hermanos. ¡Había llegado el momento de comenzar una nueva vida en EE. UU.!

Un feliz reencuentro
Muchos inmigrantes, incluidos Annie y sus hermanos, se encontraron con amigos o familiares que habían venido a recibirlos. Un lugar de la isla donde se realizaron muchos reencuentros felices recibió el nombre de "el puesto de los besos".

UNA NUEVA VIDA

Para Annie y su familia, el largo viaje hacia la isla Ellis tuvo un final feliz. Habían decidido dejar su patria. Habían empacado lo poco que pudieron. Y habían hecho un viaje de días o semanas. ¡Por fin llegaron! Y ahora, ¿qué?

Muchos inmigrantes, incluidos Annie y su familia, se quedaron en la ciudad de Nueva York. Otros se mudaron a estados donde había más trabajos. Sin embargo, no siempre era fácil encontrar empleo, especialmente si los inmigrantes no hablaban inglés. Muchos hacían trabajos arduos, como minería, construcción o tendido de vías férreas. Otros usaron las habilidades especiales que habían traído de su patria y se convirtieron en modistos, sastres, pasteleros, carpinteros, etc.

Monumento a Annie Moore, en Cobh, Irlanda

La calle Mulberry, en la ciudad de Nueva York, cerca de 1900

Inventores inmigrantes
Según un estudio, ¡cerca del veinte por ciento de los inventores estadounidenses, entre 1880 y 1940, eran inmigrantes recién llegados! Estos inmigrantes crearon innovaciones asombrosas que hoy subestimamos, como el secador de pelo portátil, inventado por el inmigrante armenio Gabriel Kazanjian.

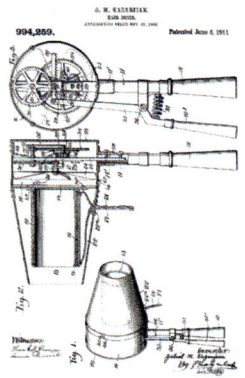

Las cosas no siempre eran fáciles para los inmigrantes en su nueva vida. De hecho, la vida en EE. UU. podía llegar a ser muy difícil. Con frecuencia, los inmigrantes no hablaban el idioma de la localidad. Las leyes, normas, costumbres, comportamientos y tradiciones locales les resultaban extraños y hasta confusos.

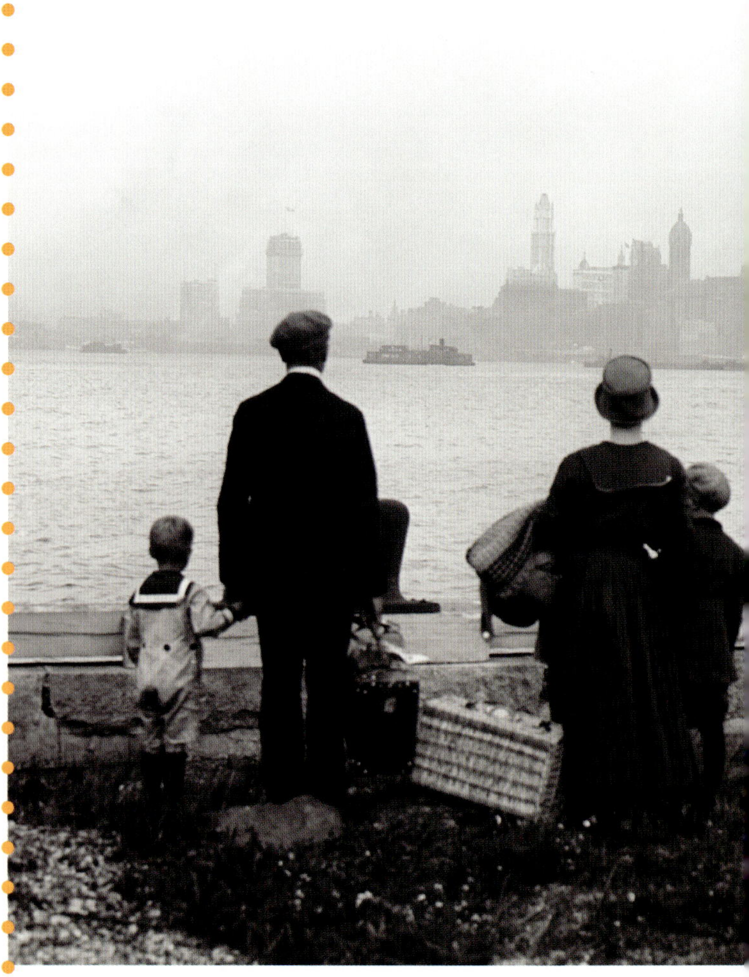

Mercado y casas de vecindad judíos en la ciudad de Nueva York, hacia 1905

Casas de vecindad

En la ciudad de Nueva York, muchos inmigrantes vivían en casas de vecindad. Eran edificios con muchos apartamentos estrechos, que se solían mantener en condiciones inseguras o malas.

Los estadounidenses no siempre eran amables con los inmigrantes. Muchos tenían estereotipos (imágenes y creencias simplistas y erradas sobre la gente de otros países). A algunos les preocupaba que los inmigrantes les quitaran los empleos. Como los inmigrantes normalmente no tenían mucho dinero, con frecuencia tenían que vivir en áreas pobres o inseguras; a veces, porque los estadounidenses no les permitían vivir en otros lugares.

Una joven rusa en la isla Ellis, en 1905

El sentimiento, hoy
El sentimiento antiinmigrante todavía forma parte de la vida estadounidense moderna. Mientras que muchos líderes, políticos y comunidades piden que los inmigrantes sean bienvenidos, otros buscan limitar la inmigración.

En EE. UU., los inmigrantes con frecuencia tenían que enfrentar un sentimiento antiinmigrante (actitudes y creencias en contra de los inmigrantes por parte de la gente que vive en el lugar a donde han llegado). En la década de 1920, el sentimiento antiinmigrante se intensificó tanto que el Gobierno del país aprobó leyes para tratar de detener la inmigración. Algunos propietarios de tiendas y negocios prohibieron la entrada a los inmigrantes. Muchos inmigrantes sufrieron ataques físicos.

Leyes injustas
En 1882, el Gobierno aprobó la Ley de Exclusión de los Chinos, que hizo muy difícil la inmigración y prácticamente imposible la obtención de la ciudadanía para las personas chinas. Esta ley no fue revocada hasta 1943.

A pesar de todos los retos, los inmigrantes no se rindieron. Se esforzaron para crear una mejor vida para sí mismos y para sus hijos, ¡y para todos en EE. UU.! Los inmigrantes ayudaron a construir cosas tan importantes como los sistemas de tren metropolitano y los ferrocarriles. Ayudaron a pavimentar las calles. Trabajaron en minas y en granjas.

Promoción de la amabilidad
Aunque muchos estadounidenses discriminaron a los nuevos inmigrantes, otros los recibieron con amabilidad. Muchas personas y empresas se sentían agradecidas por el trabajo que hacían los inmigrantes. Algunos invitaron a familias inmigrantes a participar en actividades y organizaciones locales. Algunas iglesias y otros lugares de oración les dieron la bienvenida, ofreciéndoles ropa y comida.

Inmigrantes italianos construyen un ferrocarril en Nueva York, cerca de 1900.

Comidas famosas
¡Una de las comidas más icónicas de EE. UU. fue traída por inmigrantes! En la década de 1860, inmigrantes alemanes comenzaron a vender pequeños sándwiches de salchicha que hoy se conocen como perros calientes. Otra comida popular, la galleta de la fortuna, fue creada en 1914 por un chef japonés que vivía en San Francisco.

Inmigrantes de diferentes lugares se establecieron por todo el país, adaptándose al estilo de vida estadounidense. Pero no todos estaban siempre a gusto. Muchos se sintieron obligados a cambiar para poder encajar y tener éxito. Sentían que no era bien visto que practicaran sus propias tradiciones, hablaran su idioma o vistieran la ropa de sus países.

Una mujer que llega a la isla Ellis, hacia 1925

Este mural del artista callejero francés JR, creado en Nueva York en 2016, muestra a niños inmigrantes en la isla Ellis.

Locos por el *lox*

Hoy, mucha gente disfruta una comida llamada *bagels and lox*. Los inmigrantes judíos trajeron los *bagels*. Pero ¿sabías que el *lox* (salmón ahumado) lo trajeron los inmigrantes escandinavos? Como resultado de la interacción entre las dos culturas en EE. UU., comenzaron a comerse las dos cosas juntas.

Al mismo tiempo, muchos inmigrantes mantuvieron vivas y compartieron su cultura y sus tradiciones. Por todo el país, se comenzó a comer nuevos platos, como la *pizza*. Se comenzó a escuchar nuevos tipos de música, como la polca de Europa del Este. ¡Y también se combinaron partes de diferentes culturas para crear cosas nuevas! Esta mezcla de elementos culturales se conoce como fusión cultural. La cultura estadounidense moderna se ha creado a partir de la mezcla de diferentes culturas y pueblos.

La isla Ellis ya no es una estación de inmigración. En 1965, el lugar se convirtió en un parque nacional; y, en 1976, se abrió al público convertido en un museo. Continúa siendo una parte importante de la historia estadounidense. Eso se debe a que sus efectos todavía se ven en la actualidad.

El final de la isla Ellis
Después de que el Gobierno de EE. UU. aprobó la Ley de Inmigración de 1924, la inmigración comenzó a disminuir poco a poco.

Este equipaje que dejaron unos inmigrantes que entraron por la isla Ellis se exhibe hoy en el museo.

Desde la construcción de las carreteras que se extienden por toda la nación hasta la formación de las diferentes culturas presentes en EE. UU., los inmigrantes que entraron por la isla Ellis han tenido un impacto poderoso. Hoy, la isla Ellis nos recuerda que la gente puede elegir unirse para crear un nuevo futuro, y que los inmigrantes le han dado forma al país de muchas maneras, y continúan haciéndolo.

Nuevos ciudadanos de EE. UU. hacen su juramento en una ceremonia especial, en la isla Ellis, en 2016.

GLOSARIO

antisemitismo
Prejuicio u odio contra las personas judías

barco de vapor
Un bote o barco que se impulsa con un motor de vapor

capacitismo
Discriminación hacia las personas que tienen discapacidades físicas o mentales

colonizar
Tomar control a la fuerza de un área y su población

cuarentena
Práctica que consiste en mantener a los enfermos separados para evitar la propagación de una enfermedad

detener
Impedir que algo o alguien siga adelante

economía
El estado de la riqueza, los recursos y los negocios de un país

emigrar
Dejar el país propio para ir a vivir en otro

federal
Relacionado con el Gobierno nacional, o de un país

genocidio
Destrucción intencional de cierto grupo de personas

hambruna
Escasez de comida en toda un área

inmigrar
Mudarse a un país para vivir en él de manera permanente

libertad de culto
La capacidad legal de practicar cualquier religión o no practicar ninguna

país de origen
El país donde nació una persona que se ha mudado a otro

persecución
Acoso o violencia contra quienes tienen diferente origen, identidad, religión o inclinación política

plaga
Enfermedad contagiosa que se propaga rápidamente entre mucha gente

pogromo
Un brote de violencia organizada contra cierto grupo étnico

puerto
Un pueblo o una ciudad donde los barcos llegan a cargar y descargar, embarcar y desembarcar, etc.

refugiado
Una persona que deja su patria para escapar de situaciones peligrosas

tercera clase
Parte de un barco donde se acomoda a los pasajeros que tienen los boletos más baratos

tsunami
Una gigantesca ola marina creada, por lo general, por un terremoto o una erupción volcánica

ÍNDICE

PRUEBA

Responde las preguntas para saber cuánto aprendiste. Verifica tus respuestas con un adulto.

1. ¿En qué año se abrió la Estación de Inmigración de la Isla Ellis?

2. ¿Quién fue la primera persona que inmigró a EE. UU. a través de la isla Ellis?

3. Verdadero o Falso: La gente siempre ha necesitado un pasaporte para inmigrar a EE. UU.

4. Verdadero o Falso: Aproximadamente al 98 por ciento de los inmigrantes que llegaron a la isla Ellis se les permitió entrar al país.

5. ¿En qué año se convirtió la isla Ellis en un parque nacional?

1. 1892 2. Annie Moore 3. Falso 4. Verdadero 5. 1965